A mon Père.

—

A TOUS MES PARENTS.

1846

FACULTÉ DE DROIT DE TOULOUSE.

ACTE PUBLIC

En exécution de l'art. 4, tit. 2, de la loi du 22 Ventôse an XII,

soutenu par

M. Unquimbert (Alexandre-Louis-Antoine),

NÉ A TIERGUES (AVEYRON).

Jus Romanum.

INST. LIB. III. TIT. XVII.

De duobus reis stipulandi vel promittendi.

Stipulatio sic definitur : conceptio verborum quibus is qui interrogatur daturum facturumve quod interrogatus est responderit.

Is qui interrogat reus stipulandi vocatur, is autem qui interrogatur reus promittendi.

Breviter de his tractaturus, præcipuos stipulationis modos exponam.

In illâ conceptione verborum constitutæ locutiones erant quibus nexus obligationis firmabatur, quæque diutissimè intactæ servatæ sunt; sed deindè, sensus et consonans intellectus ab utrâque parte sufficiebat; et verba constituta in oblivione relicta sunt, dummodò, essent ut anteâ, et rei stipulandi et rei promittendi de re concordantes.

Divus posteâ Justinianus multo indulgentior etiàm apparuit, amans enim erat simplicitatis; eo itaque regnante valebat stipulatio dummodò utraque pars intellectum habuisset linguæ quæ in stipulatione vigebat.

Stipulationum, dixit Tribonianus, aliæ sunt judiciales, aliæ prætoriæ, aliæ conventionales, aliæ communes, tàm prætoria quàm judiciales.

Sunt inutiles stipulationes; hæc verò inutilitas aut absoluta est, aut conditionibus quibusdam subjecta.

Initilis est absolutissimè stipulatio : 1° muti, 2° surdi, 3° absentis, 4° pueri qui fari non potest, 5° furiosi. Pupillus attamen proximus etiàm infantiæ, meliorem suam conditionem facere potest sine tutoris auctoritate, deteriorem verò, non aliter quàm cum tutoris auctoritate.

Inutilitas stipulationis conditionibus quibusdam subjecta, hæc est : si servus à Domino stipuletur, vel dominus à servo; itèm si filius à patre aut pater à filio; nisi de peculiis agatur pro quibus ut patrisfamiliæ habebantur filii.

Si omni de re igitur esset consonans intellectus creditorum et promissorum valebat stipulatio; si non, aut si quis ad ea quæ interrogatus esset non respondisset, inutilis.

Inter duas sœpissimè personas stipulatio perficitur, sed sunt etiam stipulationes quæ à duobus pluribusve reis stipulandi, atque ab uno reo promittendi hauriuntur, aut ab uno reo stipulandi et à duobus pluribusve reis promittendi; aut etiam à duobus pluribusve reis stipulandi, et à duobus pluribusve reis promittendi. Sed quamvis duo pluresve sint rei stipulandi aut promittendi una est obligatio, una et summa est, dummodò parem causam suscipiant : resque ità agitur : primò cùm sunt duo pluresve rei stipulandi et unus promittendi; post interrogationes factas sic respondere debet promissor : utrique vestrum dare spondeo promitto, si singulis separatìm responderet non una esset stipulatio, sed tantæ essent stipulationes quantæ interrogationes.

Secundò cùm sunt duo pluresve rei promittendi et unus tantùm stipulandi, factâ interrogatione separatìm vel conjunctìm, separatìm vel conjunctìm quoque respondere possunt promissores. Tertio cum sunt duo pluresve rei stipulandi, et duo pluresve rei promittendi, illi interrogationes formulant, quibus hi simùl vel separatìm respondent. In hujusmodi stipulationibus solidum singulis debetur, et promittentes singuli in solidum tenentur, itàque vel alter debitum accipiendo, vel alter solvendo, omnium perimit obligationem, et omnes liberat.

Adversùs reum stipulandi qui pretium accepit actionem habent alii ut pretium dividatur; reusque promittendi qui pretium solvit, actionem quoque habet adversùs consortes ut partem restituant quam pro illis dedit.

Droit Civil.

LIV. III. TITRE V. — *Du contrat de mariage.*

(Art. 1441 à 1495.)

De la dissolution de la communauté et de quelques-unes de ses suites.

La communauté se dissout, nous dit l'art. 1441 : 1° par la mort naturelle, 2° par la mort civile, 3° par le divorce, 4° par la séparation de corps, 5° par la séparation de biens. Au lieu du divorce mentionné par cet article, et aboli par la loi du 8 mai 1816, il faut ajouter l'absence qui, conformément aux art. 124 et 129 du C. Civil, est une cause de dissolution de la communauté, subordonné cependant à l'option de l'époux commun.

A la mort civile ou naturelle de l'un des époux, l'état de la communauté doit être constaté par un inventaire ; anciennement le défaut d'inventaire donnait à l'époux survivant la continuation de la communauté pourvu que ses enfants mineurs y consentissent ; mais aujourd'hui le défaut d'inventaire n'a pas les mêmes conséquences, conséquences qui pourraient être causes de graves embarras si plusieurs communautés venaient à s'accumuler sur la même tête. Quand donc il n'y a pas eu d'inventaire, toute partie intéressée peut néanmoins exercer ses poursuites contre les effets de la communauté divertis ou récélés, dont l'existence pourra être prouvée tant par titres que par témoins, entendus dans une enquête. et par commune renommée.

L'époux qui aura négligé cette formalité, sera en outre privé de la jouissance des revenus des biens de ses enfants mineurs, jouissance qui leur est accordée aux termes de l'art. 384 du C. Civil, et le subrogé-tuteur qui n'aura pas obligé l'époux à le faire, sera solidairement responsable avec lui de toutes les condamnations qui pourront être prononcées en faveur des mineurs, sauf son recours contre l'époux survivant.

La séparation de biens ne peut être poursuivie qu'en justice par la femme dont la dot est mise en péril, et lorsque le désordre des affaires du mari donne lieu de craindre que les biens de celui-ci ne soient pas suffisants pour remplir les droits et reprises de la femme. Toute séparation volontaire est nulle.

A la femme seule est attaché ce droit de demander la séparation de biens, et le mari ne peut jamais la formuler en quelque état de cause que ce soit. Quelles raisons aurait-il en effet? Ce ne sera pas sa mauvaise gestion : il doit protection à sa femme et à tout ce qui l'intéresse, veut-on que parce qu'il gére mal ses affaires il abandonne celles de sa femme qui ordinairement, comme toutes les femmes, n'aura pas la moindre expérience des affaires. Les créanciers ne peuvent pas non plus demander la séparation de biens sans le consentement de la femme, ils peuvent, en cas de faillite ou de déconfiture du mari, exercer les mêmes droits qne leur débitrice jusqu'à concurrence du montant de leur créance, mais l'art. 1166 du C. Civil ne leur accorde pas le droit de demander la séparation de biens qui est un droit personnel à la femme dicté dans un but moral.

Il ne faut pas restreindre la loi qui autorise la femme à demander la séparation de biens aux cas seulement où ses biens sont mis en péril, il suffit que le mari soit dérangé dans ses affaires, ou que sa conduite soit blamable.

La loi romaine obligeait la femme qui voulait garantir sa dot des dangers qu'elle pouvait courir entre les mains de son mari à prouver que les biens de celui-ci n'étaient plus suffisants pour offrir une sûre garantie, ces preuves ne sont plus exigées aujourd'hui, on laisse aux tribunaux le soin d'apprécier les circonstances qui inspirent des craintes à la femme, et de voir si ses craintes sont fondées.

Toute séparation volontaire est nulle, si ce n'est la séparation contractuelle stipulée par contrat de mariage, mais durant le mariage les époux ne peuvent rien changer au contrat ; les tiers ignorant ces changements pourraient se trouver frustrés. L'art. 1447 accorde même aux créanciers du mari, le droit de contester l'instance en séparation de biens si elle blesse leurs droits ; ils peuvent encore se pourvoir contre une séparation de biens prononcée en fraude de leurs droits, mais la circonstance de fraude est nécessaire. Les créanciers ne peuvent jamais intervenir dans une demande en séparation de corps.

La séparation de biens quoique prononcée en justice est nulle si elle n'a pas été exécutée par le paiement réel des droits et reprises de la femme, effectué par acte authentique jusqu'à concurrence des biens du mari, ou au moins par des poursuites commencées dans la quinzaine qui a suivi le jugement, et non interrompues depuis. (Art. 1444.) Cette déchéance est dictée en faveur des créanciers, cependant le mari pourra aussi opposer la nullité, résultant de la non exécution dans le délai fixé, parce que l'article prononce la nullité d'une manière absolue.

Avant son exécution, toute séparation doit être rendue publique par l'affiche qui en est faite sur le tableau à ce destiné dans la principale salle du tribunal de première instance, et en outre, si le mari est marchand banquier ou commerçant dans la salle du tribunal de commerce du lieu de son domicile, et s'il n'y a pas de tribunal de commerce, dans la principale salle de la maison commune du même domicile, et en outre chez les avoués et notaires du lieu, s'il y en a ; l'exécution du jugement ne pourra être commencée que du jour où ces formalités ont été remplies. Les créanciers, si ces formalités ont été remplies, ont un an à partir de l'exposition de l'extrait du jugement dans les salles des tribunaux mentionnés pour attaquer ces jugements, et dix ans à partir du jugement, si ces formalités n'ont pas été remplies. Les effets du jugement remontent au jour de la demande même à l'égard des tiers.

La femme qui a obtenu la séparation de biens doit contribuer proportionnellement à ses facultés et à celles du mari, tant aux frais du ménage qu'à ceux d'éducation de enfants communs. Elle doit supporter entièrement ces frais, s'il ne reste rien au mari (art. 1448.)

Le lien indissoluble du mariage existe toujours malgré la séparation de biens, la femme et le mari ne peuvent pas abandonner leurs enfants, ils leur doivent tous leurs soins, et les frais de ces soins doivent être partagés. Maintenant si le mari n'a rien, l'intérêt des enfants qui doit être regardé avant tout, demande que la femme avec ses biens y satisfasse seule de son mieux. Cette règle de l'art 1448 s'appliquera aussi bien à la femme séparée de corps, laquelle entraîne séparation de biens qu'a la femme séparée de biens seulement.

La femme séparée soit de corps soit de biens, soit de biens seulement en reprend la libre administration, elle peut disposer de son mobilier et l'aliéner. Elle ne peut aliéner les immeubles sans le consentement de son mari ou sans être autorisée en justice à son refus (art. 1449.)

La femme peut faire tous actes d'administration qu'elle jugera convenables et pour lesquels la loi n'a pas prononcé d'empêchement, car elle ne pourra pas passer de bail qui excède neuf ans, sans y être autorisée, ces baux autrement pourront être réduits à neuf ans sur sa demande, sur celle du mari, et de leurs héritiers, conformément à l'art. 225 qui dit : que la nullité (des actes de la femme) fondée sur le défaut d'autorisation ne pourra être opposée que par la femme, le mari ou leurs héritiers. Ceux en effet qui ont traité avec la femme non autorisée doivent s'en prendre à eux-mêmes d'après le principe *nemo censetur jus ignorare*, or ils devaient savoir que la femme avait beson de cette autorisation.

Le mari n'est point garant du défaut d'emploi ou de remploi du prix de l'immeuble que la femme séparée a aliéné sous l'autorisation de la justice, à moins qu'il n'ait concouru au contrat, ou qu'il ne soit prouvé que les deniers ont été reçus par lui, ou ont tourné à son profit.

Il est garant du défaut d'emploi ou de remploi si la vente a été faite en sa présence et de son consentement ; il ne l'est point de l'utilité de cet emploi (art. 1450.)

L'emploi est le placement du prix, le remploi est le remplacement de l'immeuble vendu par un autre immeuble. Ainsi, quoique le mari ait refusé d'abord son autorisation à une vente et que la justice soit intervenue et ait donné la sienne, s'il concourt ensuite au contrat, il doit être garant de l'emploi et du remploi car il y a alors de sa part un consentement tacite, s'il en était autrement le mari n'aurait, pour n'avoir aucune responsabilité, qu'à feindre un refus. Quoique l'article semble exiger en même temps et le consentement du mari et sa présence pour le rendre garant de l'emploi et du remploi, il paraîtrait que l'une de ces deux circonstances serait suffisante. Quant à l'utilité de l'emploi, la femme doit elle-même veiller à ce que ses débiteurs soient solvables.

La communauté dissoute par la séparation soit de corps soit de biens, soit de biens seulement, peut être rétablie par le consentement des deux parties. Elle ne peut l'être que par un acte passé devant notaires et avec minute dont une expédition doit être affichée dans la forme de l'art. 1445. En ce cas la communauté rétablie, reprend son effet du jour du mariage, les choses sont remises au même état que s'il n'y avait point eu de séparation, sans préjudice néanmoins de l'exécution des actes qui dans cet intervalle ont pu être faits par la femme, en conformité de l'art. 1449.

Toute convention par laquelle les époux rétabliraient leur communauté sous des conditions différentes de celles qui la réglaient antérieurement est nulle (art. 1451.)

Les époux peuvent bien par leur réunion faire cesser la séparation de corps. Cette réunion ne peut blesser les droits de personne, mais ils ne peuvent ainsi faire cesser la séparation de biens pour laquelle la publicité est nécessaire afin que les étrangers soient avertis des changements survenus dans la fortune des époux s'ils veulent traiter avec eux.

Rien, nous dit l'article, ne peut être mis de contraire au contrat de mariage, car la communauté est censée ne pas avoir été dissoute mais à l'égard des époux seulement ; en effet, tous les actes que la séparation a fait acquérir à des tiers subsistent, quoique le rétablissement ait eu lieu.

La dissolution de communauté opérée par le divorce ou par la séparation soit de corps et de biens, soit de biens seulement, ne donne pas ouverture aux droits de survie de la femme, mais celle-ci conserve la faculté de les exercer lors de la mort naturelle ou civile de son mari (art. 1452.)

Cet article doit s'appliquer au mari comme à la femme, quoique l'opinion contraire ait été émise, si c'est en sa faveur que les droits de survie ont été stipulés, mais la femme ou le mari peuvent renoncer à leurs droits de survie par un acte postérieur à la séparation de biens, car aucun motif d'ordre public ne s'y oppose.

1° De l'acceptation de la communauté et de la renonciation qui peut y être faite avec les conditions qui y sont relatives.

Après la dissolution de la communauté, la femme ou ses héritiers et ayant cause ont la faculté de l'accepter ou d'y renoncer : toute convention contraire est nulle (art. **1453**.)

La femme ayant été étrangère à la communauté, tant qu'elle a duré, ne peut pas subir les conséquences d'une mauvaise administration, aussi la loi lui a-t-elle laissé le droit de l'accepter ou d'y renoncer, faculté qui a été refusée au mari comme devant supporter les conséquences de sa conduite ; il ne peut pas en renonçant à la communauté à sa dissolution éviter les conséquences de son propre fait : la loi en déclarant nulle toute convention contraire de la femme, quant à ce, a considéré cette mesure comme d'ordre public.

Il ne faut pas entendre ici par les mots *ayant cause* ceux qui ont des droits sur les biens de la femme à titre onéreux, quoique ce soient des *ayant cause*, mais il faut restreindre le sens du mot *ayant cause* à ceux qui représentent la femme à titre gratuit, c'est-à-dire ses héritiers, car la femme en disposant des objets de la communauté après la dissolution, l'accepte et ne peut plus y renoncer ; l'acceptation peut être expresse ou tacite.

La femme qui s'est immiscée dans les biens de la communauté ne peut y renoncer. Les actes purement administratifs ou conservatoires n'emportent pas immixtion (art. **1454**.)

C'est ici l'acceptation tacite ; ainsi la femme qui a disposé soit à titre onéreux soit à titre gratuit d'un objet de la communauté, est réputée acceptant la communauté ; si cependant elle a agi en toute autre qualité qu'en celle de commune, comme exécutrice testamentaire de son mari, par exemple, ou comme tutrice de ses enfants mineurs, alors elle ne doit pas être regardée pour cela comme acceptant la communauté.

La femme majeure qui a pris dans un acte la qualité de commune, ne peut plus y renoncer, ni se faire restituer contre cette qualité quand même elle l'aurait prise avant d'avoir fait inventaire, s'il n'y a eu dol de la part des héritiers du mari (art. 1455.)

L'art. 1305 du code civil accorde à la femme mineure le droit de se faire restituer contre son acceptation ; elle le pourra en outre s'il y a dol nous dit l'art. 1455; il y aura eu dol si les héritiers du mari lui ont persuadé que la communauté est plus riche qu'elle ne l'est réellement

La femme survivante qui veut conserver la faculté de renoncer à la communauté, doit dans les trois mois du jour du décès du mari, faire faire un inventaire fidèle et exact de tous les biens de la communauté, contradictoirement avec les héritiers du mari ou eux dûment appelés.

Cet inventaire doit être par elle affirmé sincère et véritable, lors de sa clôture devant l'officier public qui l'a reçu (art. 1456.)

Outre les peines portées par l'art. 1442, lorsqu'il n'y a pas eu d'inventaire, cet article-ci ajoute l'acceptation forcée de la communauté. La femme peut bien renoncer à la communauté sans avoir fait inventaire, mais il faut qu'elle renonce dans les trois mois qui suivent le décès du mari pour y être à temps, car après l'expiration des trois mois, s'il n'y a pas d'inventaire, il y a acceptation forcée. Il n'est pas nécessaire que l'inventaire soit fait par la femme, s'il existe des inventaires résultant de vente de biens de la communauté, ou fait à la requête des héritiers du mari, la femme n'aura pas besoin de faire de nouveaux frais d'inventaire. Le délai pour faire inventaire peut être prolongé par contrat de mariage, mais il n'a d'effet qu'entre la veuve et les héritiers du mari, à l'égard des tiers, cette prolongation serait comme non avenue, mais le délai ne peut être restreint en aucun cas.

Dans les trois mois et quarante jours après le décès du mari, elle doit faire sa renonciation au greffe du tribunal de première instance, dans l'arrondissement duquel le mari avait son domicile ; cet acte doit être inscrit sur le registre établi pour recevoir les renonciations à succession (art. 1457). Les tribunaux peuvent accorder un délai plus long, contradictoirement avec les héritiers du mari, ou eux dûment appelés, ils peuvent l'accorder tant pour le délai, accordé pour faire l'inventaire, que pour délibérer selon l'art. 1458.

La veuve qui n'a pas fait sa renonciation dans le délai ci-dessus prescrit, n'est pas déchue de la faculté de renoncer, si elle ne s'est point immiscée et qu'elle ait fait inventaire ; elle peut seulement être poursuivie comme commune, jusqu'à ce qu'elle ait renoncé, et elle doit les frais faits contre elle, jusqu'à sa renonciation. Elle peut éga. lement être poursuivie après les quarante jours, depuis la clôture de l'inventaire, s'il a été clos avant les trois mois. (art 1459.) D'après l'art. 789, cette faculté de renoncer ne se prescrit que par trente ans.

La veuve qui a diverti ou recélé quelques effets de la communauté, est déclarée commune, nonobstant sa renonciation ; il en est de même à l'égard de ses héritiers. (1460.) D'autres peines sont encore prononcées pour cela, par les art. 1477 et 1483, soit que le recel ait eu lieu avant ou après l'inventaire, mais si ce recel a lieu après la renonciation, il y a vol alors, vol pour lequel l'art. 380 du C. pénal ne prononce que des réparations civiles. Ces peines sont appliquées à la femme mineure comme à la femme majeure.

Si la veuve meurt avant l'expiration des trois mois, sans avoir fait ou terminé l'inventaire, les héritiers auront, pour faire ou pour terminer l'inventaire, un nouveau délai de trois mois,, à compter du décès de la veuve, et de quarante jours pour délibérer après la clôture de l'inventaire. Si la veuve meurt ayant terminé l'inventaire, les héritiers auront, pour délibérer, un nouveau délai de quarante jours, à compter du décès de la veuve. Ils peuvent au surplus renoncer à la communauté dans les formes établies ci-dessus ; et les art. 1458 et 1459 leur sont applicables. (art. 1461.) Il y a une grande différence entre la femme séparée de corps et la femme survivante ; la première, tant qu'elle ne se prononce pas, est censée renoncer à la communauté, tandis que la seconde est au contraire censée accepter. Cette différence provient de ce que dans la séparation de corps ou de biens, car ce principe est également applicable à celle-ci, le mari est saisi de la communauté, si la femme ne dit rien elle est censée renoncer, tandis qu'au contraire, la femme survivante est aussi à son tour, dans ce cas saisie de la communauté, et si elle ne renonce pas elle est censée la conserver. C'est ce que nous dit l'art. 1463 : « La femme divorcée ou séparée de corps, qui n'a point dans les trois mois et quarante jours après le divorce ou la séparation définitivement prononcés, accepté la communauté, est censée y renoncer, à moins qu'étant encore dans le délai, elle n'en ait obtenu la prorogation en justice, contradictoirement avec le mari ou lui dûment appelé. » La femme séparée de corps n'a pas après l'expiration des délais, pour accepter, trente ans pour pouvoir accepter, comme la femme survivante pour renoncer.

Les créanciers de la femme pourront attaquer la renonciation qui aurait été faite par elle ou par ses héritiers, en fraude de leurs créances et accepter la communauté de leur chef. (Art. 1464.) Nous croyons quoique l'article dise qu'il faut qu'il y ait fraude, qu'un simple préjudice suffirait, c'est ce qui nous semble résulter de l'art. 788. Dans l'art. 1447 il faut *fraude*, mais alors il s'agit d'un jugement, tandis qu'ici il ne s'agit que d'un simple acte d'une personne. Les créanciers ne peuvent l'attaquer sur son acceptation, parce qu'elle ne paie ses dettes que jusqu'à son émolument.

La veuve, soit qu'elle accepte, soit qu'elle renonce, a droit pendant les trois mois et quarante jours qui lui sont accordés pour délibérer et faire inventaire, de prendre sa nourriture et celle de ses domestiques, sur les provisions existantes, et, à défaut, par emprunt au compte de la masse commune, à la charge d'en user modérément. Elle ne doit aucun loyer à raison de l'habitation qu'elle a pu faire pendant ces délais dans une maison dépendante de la communauté, ou appartenant aux héritiers du mari, et si la maison qu'habitaient les époux à l'époque de la dissolution de la communauté, était tenue par eux à titre de loyer, la femme ne contribuera pas pendant les mêmes délais, au paiement dudit loyer, lequel sera pris sur la masse. (Art. 1465. La femme a droit à ces privilèges, lors même qu'avant les trois mois et quarante jours, elle aurait accepté ou renoncé, mais si elle obtient une prorogation de délais, elle n'y a plus droit pendant les nouveaux délais.

Dans le cas de dissolution de la communauté par la mort de la femme, ses héritiers peuvent renoncer à la communauté, dans les délais et dans les formes que la loi prescrit à la femme survivante. (Art. 1446.)

Pour conserver le droit de renoncer, sont-ils tenus de faire inventaire comme le prescrit l'art. 1456 ? L'affirmative nous paraît devoir être prise, puisque l'art. 1466 autorise la renonciation des héritiers dans les formes prescrites à la femme.

Du partage de la communauté.

Après l'acceptation de la communauté par la femme ou ses héritiers, l'actif se partage, et le passif est supporté de la manière ci-après déterminée.

§ Ier *Partage de l'actif.*

Les époux ou leurs héritiers rapportent à la masse des biens existants, tout ce dont ils sont débiteurs envers la communauté, à titre de récompense ou d'indemnité, d'après les règles ci-dessus prescrites à la section II de la première partie de ce chapitre. (Art. 1468.)

Chaque époux ou son héritier rapporte également les sommes qui ont été tirées de la communauté, ou la valeur des biens que l'époux y a pris pour doter un enfant d'un autre lit, ou pour doter personnellement l'enfant commun. (Art. 1469.) D'abord, avant de rien liquider, il faut former la masse qui se compose de tout l'actif, et tout ce qui est dû par l'un des conjoints à la communauté, doit être rapporté au moins fictivement. La récompense dûe par l'un des époux à la communauté, ou par la communauté à l'un des époux, ne peut jamais excéder ce qui a été dépensé, quelque soit le profit que l'époux ou la communauté en aient retiré. Le rapport ne sera pas toujours nécessaire pour toutes les dépenses faites pour l'un des époux ; ainsi la femme, dans l'intérêt de laquelle une rente perpétuelle a été rachetée, a le choix ou d'en rapporter le prix, ou de continuer la rente ; le mari qui a racheté sa rente personnelle, l'a éteinte et doit en rapporter le prix.

Sur la masse des biens, chaque époux ou son héritier prélève : 1° Ses biens personnels qui ne sont point entrés en communauté, s'ils existent en nature, ou ceux qui ont été acquis en remploi ; 2° le prix de ses immeubles qui ont été aliénés pendant la communauté, et dont il n'a pas été fait remploi ; 3° les indemnités qui lui sont dues par la communauté. Une étude de notaire est regardée comme meuble, et rentre dans la communauté, à la dissolution de laquelle le mari doit rapporter le prix qu'elle vaut alors. Les prélévements de la femme se font avant ceux du mari. Ils s'exercent pour les biens qui n'existent plus en nature, d'abord sur l'argent comptant, ensuite sur le mobilier, et subsidiairement sur les immeubles de la communauté ; dans ce dernier cas le choix des immeubles est déféré à la femme et à ses héritiers. (Art. 1471.) Le mari ne peut exercer ses reprises que sur les biens de la communauté, la femme et ses héritiers, en cas d'insuffisance de la communauté, exercent leurs reprises sur les biens personnels du mari. (Art. 1472) La femme n'a pas le choix des meubles, quoique la loi ancienne lui accordât cette faveur sur les meubles et les immeubles indifféremment. Selon l'art. 1473, les intérêts des remplois et indemnités, par eux dus à la communauté, courent du jour de la dissolution, il n'en est pas de même des créances personnelles des époux entre eux, selon l'art. 1479.

Lorsque tous les prélévements des deux époux ont été faits sur la masse, le surplus se partage par moitié entre eux et ceux qui les représentent. Si les héritiers de la femme sont divisés, en sorte que l'un ait accepté la communauté à laquelle l'autre a renoncé, celui qui a accepté, ne peut prendre que sa portion virile et héréditaire, dans les biens qui échoient en lot à la femme ; le surplus reste au mari qui demeure chargé envers l'héritier renonçant, des droits que la femme aurait pu exercer en cas de renonciation, mais jusqu'à concurrence seulement de la portion héréditaire du renonçant. (1475.) Le mari profite de la part du renonçant *jure non decrescendi*. Ce n'eet pas ici le cas de l'art. 786, les héritiers ne renoncent pas à la succession, ils ne renoncent qu'à une chose de la succession. Quant aux formes du partage de la communauté, telles que la licitation des immeubles, quand il y a ieu, les soultes, etc.... Elles sont soumises aux règles qui sont établies aux titres des successions, excepté que pour la femme les droits qu'elle a sur les biens de la communauté, ne datent que du jour de la dissolution, tandis que pour le mari, les droits sur les mêmes biens datent du jour où ils sont entrés dans la communauté Après le partage, l'époux créancier personnel de l'autre, se paie sur les biens de l'époux débiteur, soit que cette part vienne de la communauté ou de ses biens personnels.

L'art. 1480 nous dit que les donations faites par l'un des époux, ne s'exécutent que sur la part du donateur dans la communauté, ou sur ses biens personnels. Le deuil de la femme est aux frais des héritiers du mari. La valeur de ce deuil est réglée selon la fortune du mari, il est dû même à la femme qui a renoncé à la communauté. Ces frais comprennent tous les frais raisonnables et convenables occasionnés à la femme, tels que les habits de deuil de ses domestiques.

Du passif de la communauté et de la contribution aux dettes.

Les dettes de la communauté sont pour moitié à la charge de chacun des époux ou de leurs héritiers : les frais de scellés, vente de mobilier, liquidation, licitation et partage, font partie de ces dettes. Pourvu qu'il y ait eu bon et fidèle inventaire, la femme n'est tenue des dettes de la communauté, soit à l'égard du mari, soit à l'égard des créanciers, que jusques à concurrence de son émolument, et en rendant compte tant du contenu de cet inventaire, que de ce qui lui est échu par le partage. (1483.)

S'il en eût été autrement, le mari eut pu indirectement, engager les propres de la femme, qui aurait accepté la communauté, dans l'ignorance des dettes qu'elle n'aurait connues qu'après son acceptation. Cependant la femme dans ce cas ne peut pas être assimilée à l'héritier bénéficiaire, dont les biens ne sont jamais confondus avec ceux de la succession, qu'ici les biens personnels de la femme ne peuvent pas être séparés des biens qui lui viennent de la commuuauté.

D'après l'art. 1484, Les époux entre eux sont tenus de la moitié des

dettes chacun; mais à l'égard des créanciers le mari seul est tenu pour le tout, parce qu'il a seul contracté, sauf son recours contre la femme; mais d'après l'art. 1485, il n'est tenu que pour moitié des dettes personnelles à la femme, qui étaient entrées en communauté, parce qu'il ne les a pas contractées, et la femme peut être poursuivie pour le tout, sauf son recours contre le mari; mais il en est ainsi à la dissolution de la communauté seulement, car pendant qu'elle dure, le mari seul maître de la communauté, est aussi seul tenu, même après la dissolution, si la femme a renoncé.

La femme, même personnellement obligée pour une dette de la communauté, ne peut être poursuivie que pour la moitié de cette dette, à moins que l'obligation ne soit solidaire. (1487.)

La femme qui a payé une dette de la communauté au delà de sa moitié, n'a point de répétition contre le créancier, à moins qu'elle n'ait exprimé qu'elle ne voulait payer que sa moitié. (1488.)

Il est évident alors que son intention étant de ne payer que la moitié il y a eu erreur de sa part. Le principe de l'art. 1489 qui dit que celui des époux qui se trouve poursuivi pour la totalité d'une dette, par l'effet d'une hypothèque de communauté, a son recours contre l'autre époux ou ses héritiers, se trouve consigné au titre des successions, et des priviléges et hypothèques.

Il n'y a pas d'obstacle à ce que l'un des co-partageants paie une partie des dettes plus grande que l'autre, l'art. 1490 le permet, mais celui qui a plus payé que l'autre a un recours pour se faire rembourser ce qu'il a payé de trop. L'art. 1491 nous dit que les principes posés ci-dessus à l'égard du mari et de la femme, s'appliquent à leurs héritiers.

De la renonciation à la communauté et de ses effets.

La femme qui renonce perd toute espèce de droits sur les biens de la communauté, et même sur le mobilier qui y est entré de son chef; elle retire seulement les linges et hardes à son usage. (1492.) Anciennement, la femme ne pouvait même pas reprendre ses vêtements, aujourd'hui, elle ne pourrait pas prendre des bijoux et diamants qui ne constitueraient pas des propres.

Elle a le droit de reprendre : 1° Les immeubles à elle appartenant lorsqu'ils existent en nature, ou l'immeuble qui a été acquis en remploi ; 2° le prix de ses immeubles aliénés dont le remploi n'a pas été fait et accepté comme il est dit ci-dessus ; 3° Toutes les indemnités qui peuvent lui être dues par la communauté, 1493. Enfin, la femme retire tous ses biens qui n'entrent pas dans la communauté. Les héritiers de la femme pourront exercer les mêmes actions et reprises qu'elle-même ; mais ils ne pourront pas jouir des avantages que la loi accorde à la femme personnellement.

La femme renonçante est déchargée de toute contribution aux dettes de la communauté, tant à l'égard du mari, qu'à l'égard des créanciers; elle reste néanmoins tenue envers ceux-ci, lorsqu'elle s'est obligée conjointement avec son mari, ou lorsque la dette, devenue la dette de la communauté, provenait originairement de son chef, le tout sauf son recours contre son mari ou ses héritiers, 1494. Quand même la femme aurait emprunté pour l'entretien de sa famille elle ne serait point tenue, à moins que le mari ne fut insolvable.

Code de Procédure civile.

LIV. III. *Titre unique. — De l'appel. sauf les évocations, art.* 473.

§ I. *Jugement dont on peut interjeter appel.*

La loi s'occupe de ce point dans les art. 451, 452, 453 et 454 C. Proc. Civ.

Comme l'appel a été établi pour la meilleure distribution de la justice, et comme il importe à l'ordre public et à l'intérêt privé des citoyens que les procès soient jugés de la manière la plus conforme à l'équité ou à la loi, il s'en suit que l'appel sera la règle générale, et on pourra l'employer toutes les fois que la loi n'aura pas dit le contraire.

La question sera donc résolue, lorsque nous aurons fait connaître les exceptions que la loi a faites à la recevabilité de l'appel.

Occupons-nous d'abord des jugements définitifs.

Lorsqu'un jugement définitif a été rendu contradictoirement l'appel n'en sera pas recevable, s'il a été rendu sur des matières dont la connaissance, en dernier ressort, appartient aux premiers juges; encore que ce jugement ait été qualifié en premier ressort. (Art. 453, 2me alinéa.) Le point de savoir si un jugement est rendu en premier ou dernier ressort appartient aux règles de la compétence dont nous n'avons pas à nous occuper ici.

La règle posée dans l'art, 453 est néanmoins soumise à quelques exceptions que nous croyons devoir indiquer. Ainsi, l'art. 15 du C. Pr. Civ., nous dit : « Dans le cas où un interlocutoire aurait été ordonné (par le juge de paix), la cause sera jugée définitivement au plus tard dans le délai de 4 mois du jour du jugement interlocutoire, après ce délai l'instance sera périmée de droit; le jugement qui serait rendu sur le fond *serait sujet à l'appel*, même dans les matières dont le juge de paix connaît en dernier ressort et sera annulé sur la réquisition de la partie intéressée. »

L'art. 20 de la loi du 17 avril 1832, sur la contrainte par corps établit une seconde exception, il porte : « Dans les affaires où les tribunaux civils ou de commerce statuent en dernier ressort, la disposition de leur jugement relative à la contrainte par corps sera sujette à l'appel, cet appel ne sera pas suspensif. »

L'art. 391 C. Proc. Civ., étabit une troisième exception à l'égard des jugements rendus sur récusation.

L'art. 454 C. pro. civ., en établit une quatrième relativement à l'incompétence.

A l'égard des jugements définitifs rendus par défaut, la règle est la même, sauf toutefois que l'appel de ce jugement ne sera pas recevable pendant les délais de l'opposition. (Art. 455.)

La jurisprudence romaine ne permettait pas au défaillant de se pourvoir par appel contre la décision rendue contre lui, *contumax non appellat*, dit la loi 1. Cod. *Quorùm àppell.* Cette maxime fut également admise en France, jusqu'à l'ordonnance de 1667 qui permit l'appel aux défaillants. Notre législateur moderne a cru devoir donner la préférence au système de l'ordonnance, l'art 455 ne laisse pas le moindre doute à cet égard, et il est aujour d'hui certain que le défaillant peut appeler du jugement qui le condamne. Néanmoins, comme il est juste que l'on emploie toujours les voies les plùs simples et les moins coûteuses pour se faire rendre justice, la loi a voulu que l'on ne pût attaquer un jugement par défaut par la voie de l'appel tant que la voie plus simple de l'opposition serait encore ouverte.

Pour ce qui concerne les jugements préparatoires et interlocutoires, l'art 451 s'exprime de la manière suivante : « l'appel d'un jugement ne pourra être interjeté qu'après le jugement définitif, et conjointement avec l'appel de ce jugement et le délai de l'appel ne courra que du jour de la signification du jugement définitif : cet appel sera recevable encore que le jugement préparatoire ait été exécuté sans réserve. L'appel d'un jugement interlocutoire pourra être interjeté avant le jugement définitif; il en sera de même des jugements qui auraient accordé une provision. »

A quels caractères reconnaîtra-t-on qu'un jugement est provisoire ou interlocutoire ? Voici comment la loi résout cette question : Sont réputés préparatoires les jugements rendus pour l'instruction de la cause et qui tendent à mettre le procès en état de recevoir un jugement définitif. — Sont réputés interlocutoires, les jugements rendus lorsque le tribunal ordonne, avant dire droit une preuve, ou une instruction qui préjuge le fond. » Art. 452.

Malgré la bonne volonté que le législateur a mise pour nous tirer d'embarras sur cette question difficile (Locré, tom. 22, pag. 77, n° 5.), il reste encore bien des difficultés à résoudre.

Il faut donc rechercher quand est-ce qu'un jugement préjugera ou ne préjugera pas le fond, dans le sens de la loi.

Voici, d'après nous, la règle générale que l'on peut poser à cet égard. Ne préjugera pas le fond et sera par conséquent préparatoire, le jugement qui ordonnera une mesure destinée à mettre la cause en état, en d'autres termes, le jugement qui ne portera aux parties aucun préjudice direct ni indirect, celui, par exemple, qui ordonnerait la communication des pièces, ou délibéré, celui qui prononcerait la remise d'une cause, etc.

Le jugement interlocutoire sera au contraire celui qui porte un préjudice direct ou indirect aux partis, tel le jugement qui ordonne la preuve testimoniale pour un somme dépassant 150 fr.

§ II. *A qui l'appel peut-il profiter? Et à qui peut-il nuire?*

En principe l'appel ne peut profiter ou nuire qu'aux parties par lesquelles ou contre lesquelles il a été interjeté.

En d'autres termes, lorsque plusieurs parties ayant le même intérêt se trouvent en cause, l'appel de l'une ne peut en aucune façon maintenir les droits des autres, et l'appel interjeté contre l'une n'empêche pas que le jugement acquière l'autorité de la chose jugée vis-à-vis de l'autre.

Telle est en cette matière, la règle générale reconnue par tout le monde, mais l'on s'aperçoit d'abord qu'elle comporte quelques exceptions. Nous allons indiquer quelques-unes de ces exceptions :

1° *Obligations indivisibles.* — Lorsque la matière est indivisible, l'appel relevé par l'un profite à tous ceux qui ont le même intérêt.

En matière de garantie, l'appel relevé par le garant simple ou formel profite au garanti. Mais l'appel relevé par le garanti ne saurait profiter au garant en matière de garantie simple.

Pour savoir en matière indivisible, à qui l'appel peut être opposé, il faut se demander si la partie contre laquelle l'appel a été relevé est censée avoir reçu mandat de ses coobligés pour les représenter. Ainsi, un jugement aurait relaxé Primus et Secundus de la demande formée par Tertius en paiement d'un cheval; Tertius releve appel contre Primus. Primus doit être ici considéré comme m andataire de Secundus et l'appel relevé contre l'un est censé relevé contre l'autre. Deux personnes possédant deux héritages différents contre lesquels un tiers prétend avoir droit de passage sont renvoyés de la demande. Il est évident que l'appel relevé contre l'une d'elle ne peut être opposé à l'autre, qu'elles n'ont aucun mandat réciproque pour se défendre mutuellement.

En matière de garantie formelle l'appel doit être relevé contre celui du garant ou du garanti qui était partie principale en première instance.

En matière de garantie simple, l'appel doit être relevé contre le garant et le garanti. On ne saurait ici les considérer comme mandataires l'un de l'autre.

2° *Obligations solidaires.* — En matière de solidarité, comme les débiteurs sont vis-à-vis du créancier obligés de payer le tout, il nous semble que l'appel relevé par l'un doit profiter à tous. Cette opinion semble confirmée par plusieurs textes du Code Civil sur cette matière.

Nous croyons de même que l'appel relevé contre l'un d'eux est censé relevé contre tous, lorsque la demande a été repoussée par des moyens communs à toutes les parties.

§ III. *Qui peut appeler? Contre qui doit-on appeler?*

En principe, les parties au procès peuvent et doivent seules figurer en appel.

Il est évident que les héritiers des parties peuvent appeler. Nous pensons que les légataires particuliers auraient capacité suffisante pour relever appel. Ils ont d'abord un intérêt incontestable et puis ici il s'agit d'une mesure conservatoire à prendre, d'une déchéance à éviter pour laquelle il est juste de donner quelque latitude.

Dans le cas où la partie qui avait figuré en première instance vient à changer d'état, c'est à ses nouveaux représentant à relever appel.

Nous ne pensons pas qu'un créancier qui n'a pas figuré en première instance puisse relever appel pour son débiteur. S'ils croyaient avoir des droit ils devaient intervenir en première instance.

L'appel doit également être dirigé contre la partie qui a gagné son procès. Il n'est pas nécessaire de le diriger contre celle des parties qui a succombé avec l'appelant. Il en serait autrement si cette partie avait pris des conclusions formelles contre ce dernier.

Dans le cas où l'adversaire serait décédé ou aurait changé d'état, on doit intimer sur l'appel ses héritiers ou représentants.

§ IV. *Délais de l'appel.*

La loi s'occupe des délais de l'appel dans l'art. 443 et suivans jusques et y compris l'art. 450

L'art. 443 porte : « Le délai pour interjeter appel sera de trois mois ; il courra pour les jugements contradictoires du jour de la signification à personne ou domicile, pour les jugements par défaut du jour où l'opposition ne sera plus recevable.... »

Ainsi donc le délai pour interjeter appel est de trois mois, et ce délai court du jour de la signification à personne ou domicile. La signification à personne ou à domicile suffira-t-elle pour faire courir les délais ou bien faudra-t-il que cette signification soit également faite à avoué?

Nous pensons que la signification à avoué est indispensable. L'opinion contraire nous semble consacrer une violation du droit de défense. En effet, l'art. 147 n'exige la signification à avoué qu'afin que celui-ci puisse conseiller la partie sur le point de savoir s'il lui convient d'exécuter le jugement ou d'en relever appel. Ne serait-il pas possible encore que la partie eût donné à l'avoué le mandat de relever appel sur la signification du jugement à avoué?

Pour ce qui est de la signification à domicile, c'est au domicile réel et non au domicile élu qu'elle doit être faite, Cela résulte assez clairement de l'art. 147 et 143 combinés.

L'art. 147 distingue deux significations, la signification à avoué et la signification à domicile ou à personne et l'art. 443 déclare que la signification à personne ou domicile peut seule faire courir les délais de l'appel, néanmoins lorsque l'élection de domicile provient d'un contrat, c'est à ce domicile que l'élection doit êtrefaite.

Lorsque le jugement a été rendu contre un mineur, la loi s'est montrée plus exigente; « art. 444. Les délais de l'appel ne courront contre le mineur non émancipé que du jour où le jugement aura été signifié tant au tuteur qu'au subrogé-tuteur, encore que ce dernier n'ait pas été en cause. » Si le subrogé-tuteur avait des intérêts opposés au mineur, la signification devrait être faite à un subrogé tuteur nommé *ad hoc*. Il en serait de même dans le cas où le mineur ayant des intérêts opposés au tuteur, il aurait été représenté par son subrogé-tuteur. Il ne faut pourtant pas induire de là que le subrogé-tuteur puisse relever appel pour le mineur, car il n'est pas son représentant.

Pour les jugements par défaut, le délai de l'appel court du jour où l'opposition n'est plus recevable (art. 443, précité.)

Pour les jugements par défaut contre avoué, le délai de l'appel commence donc à courir huitaine après la signification à avoué. D'où il semble résulter que pour ces sortes de jugements; le délai de l'appel court indépendamment de la signification à personne ou domicile. Toutefois cette opinion ne nous paraît pas admissible; il nous semble que la signification à personne ou domicile est de droit, de règle générale, pour faire courir les délais de l'appel et que l'art. 443 § 2 la présuppose.

Ne serait-il pas étrange, d'ailleurs, que la loi exigeât la signification à domicile pour un jugement contradictoire et qu'elle ne l'exigeât pas pour un jugement par défaut? Toutefois l'opinion contraire qui est plus conforme à la lettre du texte, a été adoptée par de très bons auteurs; par Merlin, Boitard et notre honorable professeur, M. Rodière.

— Quant aux jugements par défaut contre partie, le délai de l'appel court du jour où le jugement a été exécuté de l'une des manières indiquées dans l'art. 159.

La règle qui veut que le jour de la signification ni le jour de l'échéance ne comptent pas, doit être suivie en ce qui concerne les délais de l'appel. Mais il n'y a pas lieu à l'augmentation, à raison des distances et les jours fériés ne doivent pas être imputés.

Comme nous l'avons dit, ce délai est ordinairement de trois mois, mais il est des cas où ce délai serait insuffisant.

« Art. 455. Ceux qui demeurent hors de la France continentale, » auront, pour interjeter appel, outre le délai de trois mois depuis la » signification du jugement. » On peut ajouter : où du jour où l'opposition n'est plus recevable, « le délai des ajournements fixée par l'art. » 73 ci-dessus. »

« Art. 446. Ceux qui sont absents du territoire européen du royau- » me pour service de terre ou de mer, ou employés dans les négocia- » tions extérieures pour le service de l'État, auront pour interjeter » appel, outre le délai de trois mois pour la signification du jugement, » le délai d'une année. »

Dans tous les autres cas, par exemple, s'il s'agit d'individus dont l'existence est incertaine, on reste dans les règles ordinaires.

Du reste, pour le lieu où la signification du jugement doit être faite, il faut s'en rapporter également aux articles du titre des ajournements.

La règle en matière de délai d'appel recoit une exception que nous devons signaler ici. Elle a lieu pour les jugements préparatoires. « Le délai » de l'appel pour les jugements préparatoires, porte l'art. 451, ne courra » que du jour de la significatiou du jugement définitif. » On conçoit aisément le motif de cette exception, en se reportant aux explications que nous avons données plus haut. Il en sera de même, d'après nous, des jugements interlocutoires. Car, nous croyons qu'à l'égard de ces jugements comme pour les jugements préparatoires, l'on *peut* attendre la signification du jugement définitif pour en relever appel. Cette dernière solution nous semble résulter des termes de l'art. 450 qui emploie le mot *pourra* ainsi que de l'esprit de la loi. Ne peut-il pas arriver, en effet, que la partie contre laquelle le jugement interlocutoire a été rendu pense que l'exécution de ce jugement ne pourra avoir aucun effet contre elle? Ainsi, par exemple, une preuve par témoin pour une somme dépassant 150 fr. est ordonnée. Ceci est évidemment interlocutoire dont on peut relever appel avant le jugement définitif. Si la partie contre laquelle il a été rendu pense que les dépositions des témoins ne lui seront pas contraires, pourquoi le forcer avant qu'il sache le résultat de l'enquête, à relever appel du jugement qui l'ordonne?

2° *Suspension des délais de l'appel.*

La loi prévient deux cas où les délais de l'appel doivent être suspendus.

La mort civile a pour effet de suspendre les délais de l'appel comme la mort naturelle, mais le changement d'état ne suffit pas.

Du reste, si la signification du jugement n'avait pas été faite au défunt de manière à faire courir les délais de l'appel contre lui ; il faudra pour les faire courir valablement contre les héritiers, une signification à personne ou domicile pour chacun des héritiers. La loi n'ayant pas statué pour ce cas, il est juste de suivre les règles ordinaires.

La loi s'occupe dans l'art. 448 d'une espèce qui est moins un cas de suspension des délais de l'appel qu'une exception au principe qui fait courir ces délais du jour de la signification du jugement à personne au domicile. (Voy. cet art.)

Telles sont les règles concernant les délais pour relever appel, règles qui ne concernent pas l'appel incident qui peut être interjeté en tout état de cause.

3° *Délais pendant lesquels le droit d'appeler n'est pas ouvert.*

« Art. 449. Aucun appel d'un jugement non exécutoire par provision
» ne peut être interjeté dans la huitaine, à dater du jour du jugement;

» les appels interjetés dans ce délai, doivent être déclarés non receva-» bles, sauf à l'appelant à le réitérer, s'il est encore dans les délais. » La loi, en défendant d'interjeter appel avant la huitaine de la prononciation du juge, a voulu forcer les plaideurs à réfléchir avant de s'engager dans une procédure d'appel, et les empêcher de céder à un mouvement de colère.

Mais comme il serait inique de permettre d'agir contre un homme qui ne peut pas se défendre, l'art. 450 a sagement déclaré que l'exécution des jugements serait suspendue, pendant le délai de huitaine susénoncé.

Pour ce qui est des jugements rendus par les tribunaux de commerce et les sentences des prud'hommes, ils peuvent être interjetés immédiatement, le jour même de la prononciation, art. 645 C. com.; mais on ne peut relever appel des instances des juges de paix, avant les trois jours de la prononciation. (Art. 13, loi du 25 mai 1838.)

Nous avons déjà cité l'art. 451 qui s'occupe de l'appel des jugements préparatoires. Relativement à ces jugements, l'appel ne peut être interjeté avant l'expiration de la huitaine qui suit la prononciation du jugement définitif. Le but du législateur a été ici d'économiser des frais, et en même temps de donner au cours de la justice, une marche plus rapide.

La jurisprudence décide que la prohibition de l'art. 451 est d'ordre public, et qu'elle peut par conséquent être propre en tout état de cause. — Quant aux jugements interlocutoires, nous pensons qu'on ne peut en interjeter appel pendant la huitaine, à partir de la prononciation; l'art. 449 ne fait aucune distinction.

L'art. 455 précité, déclare que l'appel des jugements, susceptibles d'opposition, ne seront point recevables pendant la durée du délai, pour former l'opposition. La loi a voulu que lorsque deux voies étaient ouvertes pour attaquer un jugement, on employât la plus simple.

Il en serait de même, encore que le tribunal eût prononcé l'exécution nonobstant opposition, puisque la loi ne fait aucune distinction. — Mais la règle de l'art. 445 ne saurait être appliquée aux jugements rendus par les tribunaux de commerce, ni aux instance du juge de paix. L'urgence que nécessitent ces discussions nous semble assez justifier cette opinion.

§ 4 *Forme de l'appel.*

L'appel doit être fait par exploit à personne ou domicile. (Art. 456.) Il doit contenir toutes les formalités indiquées par l'art. 61 C. proc. civ., relatif aux ajournements, sauf toutefois les griefs d'appel qu'on ne peut indiquer, quoiqu'il soit mieux de la faire.

L'appel incident seul, peut être relevé par acte d'avoué à avoué, ou même par conclusions prises sur l'audience.

Droit Commercial.

DE LA LETTRE DE CHANGE. — DE L'ACCEPTATION.

(Art. 118 à 128.)

De l'Aval. (Art. 141 et 142.)

L'acceptation est un acte par lequel le tiré s'oblige à payer en tout ou en partie le montant d'une lettre de change.

Elle a pour effet de donner plus de créance à la valeur émise, puisque outre la garantie du tireur et des endosseurs, on a encore celle de l'accepteur. L'art. 118 du code de commerce nous dit : « Le tireur et les endosseurs d'une lettre de change sont garants solidaires de l'acceptation. » On comprend très bien que le tireur et les endosseurs soient garants solidaires du paiement de la valeur émise, ils en ont tous successivement touché la valeur ; mais il est plus difficile de s'expliquer comment les endosseurs ont été déclarés garants solidaires de l'acceptation. La raison qu'on peut en donner est que, il importe au négociant de donner à son papier le plus de garantie possible sans que l'on puisse, toutefois, soupçonner que l'on n'a pas en eux toute confiance. Rien, mieux que l'acceptation n'est propre à atteindre ce but.

Les auteurs s'accordent à reconnaître que le tiré encore qu'il soit détenteur d'une valeur égale au montant de la lettre de change n'est pas tenu d'accepter la lettre de change s'il n'est pas commerçant ou obligé pour dette commerciale, parce qu'il ne saurait dépendre du tireur de le soumettre à la juridiction commerciale. Nous pensons qu'il en serait de même encore que le tiré fut commerçant ou obligé pour dette commerciale, car on ne peut pas se dissimuler que celui qui est obligé par une lettre de change ne soit plus fortement lié que celui qui est tenu de remplir une obligation commerciale ordinaire. Du reste, nous ne posons pas cette règle comme un principe invariable et absolu, nous croyons, au contraire, que les circonstances du fait pourraient le modifier complétement. Ainsi, par exemple, nous pensons que les tribunaux prononceraient une condamnation en dommages-intérêts contre le tiré auquel on aurait remis une valeur devant servir de provision à la lettre de change, s'il refusait son acceptation ; le seul fait d'avoir reçu cette somme, nous semble une promesse d'acceptation qui donne lieu à une action en dommages-intérêts. Lorsqu'une lettre de change est tirée par deux ou plusieurs personnes, elles doivent toutes fournir leur acceptation, si l'une d'elles s'y refusait, on devrait faire protester.

Qui pourra présenter la lettre de change à l'acceptation? Toute personne peut requérir l'acceptation, car ce n'est pas ici pour le porteur un moyen direct d'acquérir, l'accepteur ne prend aucun engagement direct envers lui, il s'engage à payer à l'échéance à celui qui aura droit à la traite, c'est à l'égard du papier qu'il prend cet engagement. Dans les cas ordinaires, le porteur n'est pas tenu de présenter la lettre de change à l'acceptation, c'est pour lui une faculté et non pas une obligation. Mais lorsque la lettre de change est payable à un terme de vue, elle doit nécessairement être présentée à l'acceptation. (Art. 181 c. de comm.) Comme la lettre de change exige la présence du tiré, c'est naturellement au domicile de ce dernier qu'on devra la présenter à l'acceptation, encore qu'elle soit payable dans un autre lieu.

L'art. 122 porte : « L'acceptation d'une lettre de change doit être signée. L'acceptation est exprimée par le mot *accepté*. Elle est datée, si elle est à un ou plusieurs jours ou mois de vue, et, dans ce dernier cas, le défaut de date de l'acceptation rend la lettre exigible au terme y exprimé, à compter de sa date. »

Telles sont les formes de l'acceptation, dont la nécessité se justifie par la nature même de l'acte, aucun doute pour ce qui concerne la signature. La signature est toujours indispensable pour constater un fait émanant de sa volonté. Le mot *accepté* n'est pas sacramentel, et l'on peut sans inconvénient employer tout autre mot à la place de celui-ci, pourvu toutefois qu'il ne puisse laisser aucun doute sur la véritable intention de l'accepteur ; mais nous pensons qu'une signature en blanc ne suffirait pas pour en induire une acceptation. L'acceptation par lettre missive, lie-t-elle l'accepteur?

Sans doute, une telle acceptation ne sera pas sans avoir quelque effet, soit que la lettre ait été adressée au tireur, soit qu'elle ait été adressée au porteur. Dans le premier cas, le porteur ne pourra en aucune façon en tirer aucune conséquence, le tireur seul pourra l'invoquer, mais jamais on ne pourra la considérer comme une acceptation ? Lorsque la lettre a été adressée au porteur, nous ne pensons pas non plus qu'elle puisse valoir comme acceptation, mais celui-ci pourra également baser sur ce fait une demande en dommages-intérêts, dans le cas où il y aurait lieu. Lorsque la lettre de change se trouve payable à un ou plusieurs jours ou mois de vue, elle doit être datée. Si l'accepteur négligeait la date, le délai de l'échéance courrait du jour de la création de la traite. (Art. 122, Cod. de Com.)

L'acceptation pour être valable doit être pure et simple, et non conditionnelle. (Art. 124.) Si on exige une acceptation, c'est pour avoir une garantie certaine que la traite sera payée. Si le porteur était obligé de s'en tenir à une acceptation conditionnelle sans qu'il pût prendre ses mesures pour remplacer autant qu'il est en lui cettte garantie, ce serait faire de l'acceptation une formalité souvent sans objet; un refus d'acceptation vaudrait en ce cas mieux qu'une acceptation conditionnelle. L'acceptation doit donc être sans condition, mais qu'arriverait-il si l'accepteur en avait apposé? Le porteur devrait en ce cas faire protester comme s'il n'y avait pas eu acceptation, s'il se contentait de cette acceptation, il ne pourrait pas exercer le recours qui lui est ouvert par l'art. 120. L'acceptation conditionnelle est-elle frappée d'une nullité tellement radicale, qu'elle ne puisse produire aucun effet, même de la part de celui qui l'a donnée? Nous ne saurions le penser, lorsqu'une telle acceptation est intervenue, le porteur, si la condition vient à se réaliser, pourra considérer l'accepteur comme légalement engagé vis-à-vis de lui. Si la loi a rejeté, comme elle devait le faire, l'acceptation conditionnelle, c'est uniquement dans l'intérêt du porteur; le porteur est donc le seul qui puisse regarder cette acceptation comme insuffisante, mais il n'en saurait être ainsi de l'accepteur qui est loin de se trouver dans une position aussi favorable.

Qu'arriverait-il si le refus d'accepter provenait du fait du porteur lui-même, si par exemple l'accepteur étant créancier du porteur acceptait pour payer à lui-même? Il nous semble que la solution de cette question dépend de la manière dont on envisagera la lettre de change. Si on l'envisage comme une créance, il est certain que le tiers-porteur devra se contenter de l'acceptation que le tiré offrira pour payer à *lui-même*; car en ce cas le porteur et le tiré seront bien débiteurs l'un de l'autre, et l'on se trouvera dans le cas de l'art, 1289. Mais si on envisage la lettre de change comme un écu, ou comme un billet de banque, il en sera autrement, le porteur, en ce cas, ne pourra plus être considéré comme créancier du tiré, mais bien comme possesseur d'une valeur réelle, et la compensation ne pourra plus lui être opposée. Comme d'après nous, la lettre de change doit être considérée comme une véritable valeur, nous pensons que si le tiré acceptait *pour payer à lui-même*, on devrait considérer cela comme un refus d'acceptation.

Lorsque le tiré a donné son acceptation, il devient directement l'obligé du porteur, de telle sorte que celui-ci pourra directement se faire payer par lui, sans être obligé de recourir contre le tireur; mais il ne faut pas croire que l'accceptation libère le tireur et les endosseurs. Lorsque l'accepteur se refuse à payer, le porteur doit faire protester la lettre de change, il peut par ce moyen recourir contre le tireur ou les endosseurs qui restent garants du paiement.

L'art. 121, déclare formellement que l'accepteur n'est pas restituable contre son acceptation, encore que le tireur soit tombé en faillite avant l'acceptation; cette disposition se conçoit aisément, car les tiers n'ont pas dû s'enquérir des rapports qui pouvaient exister entre le tireur et le tiré, ils n'ont eu à considérer que leur titre. Nous ferons observer, toutefois, que si le tiré connaissait la faillite du tireur, il ne devrait pas accepter la traite; et s'il l'acceptait, il serait passible de dommages-intérêts à l'égard des créanciers du failli: ceux-ci auraient même le droit de lui faire sommation d'avoir à déclarer s'il avait donné son acceptation.

Nous avons déjà dit que si le tiré refusait son acceptation, le porteur pourrait exercer un recours contre le tireur et les endosseurs.

Nous allons nous occuper plus spécialement de ce cas. Une lettre de change doit être acceptée à sa présentation, ou, au plus tard, dans les vingt-quatre heures de sa présentation. Après ce délai, si elle n'est pas rendue, acceptée ou non acceptée, le tiré est passible de dommages-intérêts envers le porteur (art. 125.)

Si le tiré refuse son acceptation, le porteur doit faire constater ce refus par un acte qu'on appelle *protêt faute d'acceptation* (art. 119), l'art. 120 ajoute : sur la notification du *protêt faute d'acceptation*, les endosseurs et le tireur sont respectivement tenus de donner caution pour assurer le paiement de la lettre de change à son échéance, ou d'en effectuer le remboursement avec les frais de protêt et de rechange. — La caution, soit du tireur, soit des endosseurs, n'est solidaire qu'avec celui qu'elle a cautionné.

De l'acceptation par intervention.

Lorsque le tiré refuse d'accepter la traite, il peut arriver qu'un tiers, par intérêt pour le tireur ou l'un des endosseurs, ou même pour tous, accepte la lettre de change. L'art. 126 nons dit à cet égard : Lors du protêt faute d'acceptation, la lettre de change peut être acceptée par un tiers, intervenant pour le tireur ou pour l'un des endosseurs; l'intervention est mentionnée dans l'acte de protêt, elle est signée par l'intervenant.

D'après l'art. 135, le porteur ne perd pas son recours contre le tireur et les endosseurs, malgré l'acceptation par intervention. Il résulte de là qu'une telle acceptation n'a aucun effet légal. Néanmoins, dans la pratique, elle a un avantage incontestable, parce que le porteur se contente ordinairement de cette garantie, et n'exerce pas le recours contre les signataires de la lettre de change,

La forme de l'acceptation par intervention est fort simple; lorsque l'huissier fait le protêt, le tiers intervenant déclare qu'il accepte pour tel (le tireur ou quelqu'un des endosseurs), et signe sa déclaration. L'art. 127 déclare que l'intervenant est tenu de notifier, sans délai, son intercession à celui pour qui il est intervenu. La loi exige cette formalité afin que le tireur ou celui pour qui il est intervenu n'envoie pas au tiré sa provision, qui pourrait être perdue pour lui, si le tiré venait à tomber en faillite. La loi dit que cette notification doit être faite sans délai, sans en indiquer aucun, de sorte que si la provision était perdue par la faillite du tiré et par la faute de notification de l'intervenant, celui-ci devrait des dommages-intérêts, à moins qu'il ne prouvât qu'il n'y a pas eu négligence de sa part, chose qui serait laissée à la conscience des juges.

Qui pourra accepter par intervention? Le plus souvent ce sont des tiers étrangers à la lettre de change, et il est évident que la loi n'a pas supposé l'acceptation par intervention du tireur ou des endosseurs, puisqu'elle a exigé la notification de l'acceptation à celui pour lequel elle avait été faite. Du reste, tous les auteurs s'accordent à dire que ni le tireur ni les endosseurs ne peuvent accepter par intervention ; ceux-ci, en effet, étant déjà tenus de garantir l'acceptation, leur nouvelle garantie n'ajouterait rien à celle qu'ils ont déjà donnée.

Le tiers pourrait parfaitement accepter par intervention, ainsi que le *besoin* indiqué par la traite. Nous pensons que le porteur lui-même pourrait l'accepter, car on ne peut pas invoquer à leur égard la raison que nous venons de donner pour ce qui concerne le tireur et les endosseurs.

Lorsque plusieurs tiers-intervenants se présentent, c'est celui qui accepte pour le tireur ou pour le premier endosseur qui est préféré parce qu'il opère plus de libérations que les autres, comme le dit l'article 159.

Lorsque l'accepteur intervenant a rempli les conditions exigées par la loi, quand il a mis toute la diligence convenable à faire notifier son acceptation, il est subrogé aux droits du porteur, si non il pourrait être simplement regardé comme ayant géré les affaires d'autrui *negotiorum gestor*.) Comme la caution ne peut pas être plus fortement liée que le débiteur principal, il s'en suit que l'accepteur intervenant peut opposer toutes les exceptions et déchéances qui pourraient être opposées par celui qu'il a cautionné.

De l'Aval.

L'aaal en droit commercial n'est autre chose que ce qu'en droit civil on appelle *caution*.

Indépendamment de la garantie indirecte résultant de l'acceptation, la loi autorise encore la garantie directe, qui résulte de l'aval.

On peut donner son aval soit pour le tireur, soit pour l'un des endosseurs soit pour l'accepteur lui-même, mais l'aval ne peut être donné ni par le tireur, ni par les endosseurs, ils sont déjà engagés (art. 142).

La loi n'assujettit l'aval à aucune forme spéciale, il peut être donné sur la lettre de change elle-même ou par acte séparé. Dans le premier cas, l'aval s'induit d'une simple signature apposée à côté de celle du tireur, de l'un des endosseurs, ou de l'accepteur. Dans le second cas, il faut que la convention soit formellement écrite, mais, du reste, aucune forme particulière n'est exigée pour cette convention ; elle peut être faite par acte sous seing-privé ou par acte public; mais lorsque l'aval est ainsi donné par acte séparé, on le joint à la lettre de change, afin que les tiers soient bien avertis de son existence.

L'article 142, deuxième alinéa, porte : Le donneur d'aval est tenu solidairement et par les mêmes voies que le tireur et l'endosseur, sauf les conventions différentes des parties. Ainsi le donneur d'aval pur et simple, est tenu de la même manière que le débiteur principal; mais il est de principe qu'il peut apposer à son engagement telle condition qu'il lui plaît; enfin le donneur d'aval peut invoquer les prescriptions ou déchéances que l'obligé principal pourrait invoquer lui-même.

Droit Administratif.

De la compétence administrative et judiciaire en matière de traités et de conventions diplomatiques.

Qu'est-ce qu'un traité, une convention diplomatique ? Les traités et les conventions diplomatiques ont pour objet les intérêts des nations entre elles ; si par exemple deux puissances en temps de guerre se cèdent des morceaux de territoire, ou font des échanges de parties de territoire, ce seront là autant de traités ou conventions diplomatiques ; conclura-t-on des traités de paix, engagera-t-on la guerre entre deux nations, ce seront là encore des conventions diplomatiques. Les relations commerciales qui peuvent exister entre certains pays donneront encore lieu à des conventions diplomatiques.

Les traités et les conventions diplomatiques, eux mèmes, ne peuvent pas être attaqués de front, si je puis me servir de ce mot, par de simples citoyens, ce sont des intérêts d'une trop haute importance, les nations entre elles si elles les violent ont recours à la voie des armes, mais jamais un citoyen quelconque ne peut s'en formaliser.

Si cependant nous regardons les traités et conventions diplomatiques sous un autre point de vue, sous le point de vue de leur exécution, ne pourront-ils pas blesser des droits de simples particuliers, ce simple particulier, ne pourra-t-il pas prétendre que le traité a été mal compris dans la partie qui blesse ses droits et que les auteurs de ce traité n'avaient pas du tout l'intention qu'on lui prète: ainsi envisagées, il y a lieu à demander l'interprétation de ces conventions aux tribunaux administratif ou aux tribunaux judiciaires.

Maintenant pour savoir aux quels des deux il appartiendra de décider il faudra examiner la nature du débat, si le débat est de nature administrative, les tribunaux administratif décideront, si au contraire il est de nature judiciaire, ce seront les tribunaux ordinaires. Ainsi par exemple si par un traité une nation rend des biens à des émigrés qui rentrent dans leur patrie et qu'il s'élève des contestations pour prendre possession entre eux ; ces contestations seront de la compétence judiciaire et jugées par conséquent par les tribunaux ordinaires.

Si d'après leur nature les contestations sont de la compétence administrative, il faudra voir si elles froissent un intérêt, ou si elles blessent un droit, et suivant qu'il y aura un intérêt froissé ou un droit blessé, il y aura lieu au gracieux ou au contentieux ; et il y a contentieux toute les fois qu'on pourra appliquer la formule suivante de M. Chauveau dans les principes de compétence : *« intérêt spécial émanant de l'intérêt général discuté en contact avec un droit privé »*

Vu par le président de la Thèse ,
CHAUVEAU ADOLPHE.

Toulouse, Imprimerie de Ve DIEULAFOY, rue des Chapeliers 13.

www.ingramcontent.com/pod-product-compliance
Ingram Content Group UK Ltd.
Pitfield, Milton Keynes, MK11 3LW, UK
UKHW020946220726
13924UKWH00002B/511